JN439491

말하지 않아도 좋을

말하지 않아도 좋을

정영도 시조집

도서출판 경남

시인의 말

긴 시간을 지나온 것 같습니다.

53세의 나이로 늦은 등단을 했고, 그 후로도 14년의 세월이 지나서야 (재)경남문화예술진흥원의 발간비 지원으로 부족한 글들을 상재하게 되었습니다.

틈틈이 모아온 시조들을 정리한다는 생각으로 발간하겠다는 마음을 굳혔고, 그동안 문예지에 발표했던 시조들을 중심으로 꾸미면서 살아온 지난날들에 대한 후회와 반성도 해 보았습니다.

이 시조집을 상재토록 지원을 해 주신 (재)경남문화예술진흥원의 고영조 원장님과 기꺼이 해설을 써 주신 한국시조시인협회 이우걸 이사장님과 도서출판 경남의 오하룡 선생님께도 감사를 드립니다.

나의 뜨락의 모진 비바람에도 굴하지 않고 굳건히 지키고 서 있는 소나무같이 나를 지켜주고 보살핌을 준 가족들에게도 고맙다는 말을 남겨야 하겠습니다.

감사합니다.

2014. 10.

저자 정 영 도

차례

제2부 풍 란

제3부 초록집

제4부 기별

제1부 말하지 않아도 좋을

말하지 않아도 좋을

말하지 않아도 좋을
내 분량의 생명 품고

힘겹게 들어도 보고
가볍게 놓아도 보고

서럽게
흐느껴 우는
시간이 있었다

인생은 그런 것이라고
말하지 않아도 좋을

지나온 시간의 후회를
뒤척이던 아린 밤은

목숨도
날갯짓하는
철새 같은 귀천일까

어느 오후

고물 산다는 트럭이 지나가면
이어 군민버스 느리게 다가오고
떨림 속
그리운 얼굴
오지 않는 서운함

나를 생각한다 믿었던 그 사람
오래된 소식에 헛손질한 시간들로
풍경은
소리 내어 울며
목련 숲에 숨는다

겨울 산

1

낡은 뒤축으로 지탱해 온 나날들
그 쉼을 위해 오늘은 산으로 가고
눈 속에
노쇠한 육신
낯 뜨거움 묻고 있다

2

다 털어 내고 야위어 진 가슴에
차고 넘치는 열정은 끓어올라
겨울 산
밤잠을 설쳐
눈가에 안개 젖는다

필 연

처마 끝 풍경을 울리는 바람
너는 나에게로 나는 너에게로

빗물에
한밤을 보낸
음악 같은 여운들

들판길

마음이 시린 날의
감당 못할 삶의 무게

가버리면 다시 못 올
말문 닫은 심정으로

고요히
달빛을 안고
걸어보는 들판길

그 릇

비어 있는 조그만
그릇이고 싶었다

감춰둔 가을 하늘
영원한 그리움 같은

가만히
하늘을 품는
그릇이고 싶었다

혼자 남은 시간

혼자 남은 초라함에
도망치듯 떠나와도

마음은 더욱 달랠 수 없고
채전밭의 노랑나비같이

뚜렷한
떠나간 사람
아픈 상처로 가슴 저린다

풍경 · 1

쑥국새 울음소리
산길을 돌아 나오면

길다랗게 울고 가는
텅 빈 객차 한 칸에

하늘색
고운 옷소매
고향으로 가고 있다

꿈마저 막막한
여정 속의 고아로

눈시울 어리던
그녀의 눈물들이

해 질 녘
원추리꽃 되어
간이역에 피어난다

오두막집

햇살이 고즈넉이
내려앉은 언덕 위에

밭 한 평, 곡식 한 알
알 수 없는 살림살이

어느 날
어느 골 하나
묻어둔 정 있구나

목젖 부은 석류꽃
숨겨 논 사연같이

바람길 따라서
밤새껏 지킨 자리

초겨울
길가에 서서
몸을 부스스 추스르고 있다

잊혀지는 향기

길가의 빨간 우체통
잊혀지는 향기이다

오늘은 그 사람에게
보고 싶다고 말하자

체온이
묻어나는 글
그리움의 편지를 보낸다

도마뱀

꼬리를 자르고
남겨두고 떠난다

쓰라린 아픔을
참기 위해 풀숲으로

아픔은
마음에 남아
깊숙이 자리한다

잊을 수 없었던
시간을 감출 수 없어

달 뜨는 산 언저리
홀로 우는 도마뱀

살포시
풀숲에 들어
상사화가 되어 핀다

꽃이 되고 싶어서

앞마당 화단에
만개한 꽃들이
자지러지게 웃고 있다
나도 꽃이 되고 싶어서

웃었다
내가 죽으면
꽃이 될 수 있을까

햇살이 고즈넉이
내려앉은 그곳에서

애틋한 정이 없이
사는 사람보다는

나만의
아름다운 꽃
꽃이 되어 피고 싶다

멍 때리는 날

비 오는 날 창가에 앉아
내려앉은 하늘을 보다가

찜질방에 가 볼까
바둑판을 가지러 갈까

온종일
생각만 하다가
이룬 것이 없다

첫꽃을 피운 키위
수분받이를 해 줄까

옮겨 심은 무궁화
수형을 잡아줄까

궁리만
하다가 해는 기울고
어둠 속에 젖는다

알 수 없는 세상일에
좌초되어 골몰하다

멍 때리는 시간 속에
흘려버린 하루도

의미는
찾을 수가 없어
더 이상 오지 않겠지

은 퇴

예순셋에 아직도
능력을 발휘 못해

서툴기만 한 생활 기능으로
가난에 지쳐 있고

선창을
오르내리며
굽이치는 어둠을 본다

어떤 날

뙤약볕 내리는
산마루 언저리에 서면

기다리는 세월로
단풍 드는 그리움 있어

외출복
챙겨 입고는
바람 속으로 떠난다

빈 가슴 하늘에
연처럼 날려 보내도

짝을 찾는 소쩍새
목 쉰 울음 퍼져 오는

해 지는
바닷가에서
피를 토하고 울고 싶다

절 집

1

산죽길 능선으로 하루해 떠오면
더듬으며 찾아온 따스한 햇살에
절집의
봄 이야기들
살금살금 내린다

2

뛰놀던 동승들 숨차서 모여 앉아
청아한 풍경 소리 가만히 귀 기울면
절집에
들리는 소리
산죽 밭의 봄소식

3

지성 들이던 봄 아가씨 속눈썹 위
나른한 오수가 소리 없이 찾아오면
절집 위
내린 아지랑이
독경 속에 잠든다

서럽게 우는 울음

황혼 속에 떠나간
사랑이 아려와서

솔숲의 바람길에서
꺼이꺼이 울었다

오늘도
왜 그러는지
물새처럼 울었다

초승달 사랑

달빛이 묻어내린
작은 섬마을 선착장에서

가슴에 고이 묻어둔
비단옷 같은 사랑 약속

이 한밤
먼 산 건너온
아련한 초승달 사랑

마지막 쓰는 편지

사랑한단 말 쓰지 못하고
남겨 둔 여백 속에

한 자락 솔바람과
한 점 구름 같은 마음 가득

이 아픈
여인의 사랑
마지막 쓰는 편지

묶인 해

고추밭 이랑에서 해를 쳐다 본다
이놈의 해를 누가 묶어 놨을까

묶인 해
지루한 시간이
아픈 허리 꺾는다

지열이 떡시루처럼 푹푹 찐다
허리가 끊어질 듯 땅에 눕고 싶다

밭고랑
고통의 노동
흘린 땀에 고추가 익는다

제2부 풍란

풍 란

간밤에 몰래 내린 이슬비 창가에서
겨우내 졸고 있던 목마른 풍란들이
그리운 고향 소식 하나 바람결에 듣는다

바위에 살 붙이고 연초록 귀를 열면
기다린 하얀 목줄기 디져오는 너의 향내
내 마음 텅 빈 자리 고향으로 차오른다

소나무, 그 봄의 기억

수맥마저 얼어버린
엄동의 시간 속에서

말라버린 거친 몸으로
지축을 밟고 선 소나무

밤새워
바람을 이기고
오한을 털고 털었다

안개비 깔리는 새벽
한 해의 기다림 시작되고

천상의 심장 속으로
찾아드는 봄소식

소나무
빗장 풀어내는
새벽 맞는 그 기억

우포늪

깊은 잠에서 깨어나
다시 숨소리 토하고

수생식물의 푸른빛을
고스란히 간직한

우포늪
계절길 따라
위대한 생명이 된다

오랜 참음의 이력을
비축하고 잠겨 있는

끊기지 않는 시간과
삶 속의 이력들로

오늘은
억겁의 별빛
저린 가슴 안고 있다

원추리꽃

개구리 울음으로
지나간 소나기 뒤에

원추리꽃 피었다
작은 뜨락의 손님이

무지개
먼 산 하늘다리
선연한 그리움 되어

백일홍

실종된 사랑 따라
실려 온 외로움으로

뒷마당에 씨를 뿌려
백일홍꽃을 피웠네

분홍빛 바람 속으로
아련한 그리운 얼굴

바람의 발자국을
따라서 거닐어 봐도

우연일까, 필연일까
그냥 지날 수 없는 그 집

이제는 쉬어 가라고
백일홍 손짓한다

박꽃 · 2

1
오늘 밤 하얀 박꽃이
소리 없이 피어난다

울음 울던 개구리
돌아앉은 자리마다

어머니
애틋한 사랑이
묻어나는 박꽃들

2
햇볕 드는 날마다
아낄 수 없던 그 손길에

하얗고 하얗게만
피어나는 박꽃은

지금도
잠든 어머니
무덤가를 지킨다

자귀꽃

장맛비 끝이던 날
자귀꽃 피어나면

바람으로 영혼을 전하고
저리도록 사랑을 속삭이던

내 누이
고운 연가 같은
연분홍 꽃 피어 웃는다

박꽃 · 3

달빛으로 피어난 박꽃
울 엄니 숨겨 논 사랑

열아홉 풋풋한 가슴으로
시집온 울 엄니

다시는
말하지 않을
결혼 얘기 숨어 있다

박꽃 · 4

저녁답에 피어나는
소박한 꽃, 겸손한 꽃

시집올 때 보송한 얼굴
하얀 분 속에 감추었던

내 아내
보름달 닮은
얼굴 같은 하얀 박꽃

키다리 꽃

누구를 기다리다 키만 자랐나
노오랗게 망울진 꽃들이 피어나서
바람 인
울타리 새로
힘겨운 고개 내민다

묻어 둔 향수들이 찾아들 때마다
유년의 기억들을 채워 주던 꽃
엄마가
보고 싶다고
말하고 싶은 날이다.

해 질 녘

—백일홍

백일은 간다는
기다림의 꽃이여

바닷가에 서성이면
노을 속에 이는 그리움

안개 속
조인 가슴에
피어나는 붉은 꽃

온종일 귀 기울여도
발자국 소리 끊기고

그 사람 아는지 모르는지
가슴만 타오르고

해변의
파도 소리는
쓸려가고, 쓸려온다

도라지꽃

겨우내 웅크린
차가운 가슴을

홀연히 쓸어
속으로 피어 낸

하얀 꽃
혹은 보라 꽃
수줍은 봄의 화관들

망초꽃

돌보지 않는 땅
허허롭게 찾아와서

농부도 외면한
부끄러움 숨긴 채

끈질김
생명의 혼불
피어나는 꽃들이여

칡 꽃

땀 흘리며 걸어가던
그 산길에 뙤약볕 내리면

갈색 칡꽃 피어나서
잊고 있던 그 사람 소식

서풍에
실려오려나
바람결에 가슴 저민다

동 백

선잠에서
깨어난
어린 동백 귀를 열면

해무에
젖어오는
섬마을 파도 소리

오늘은
뜨겁게 타는
기쁜 소식 전해 올까

석류꽃

수줍은 미소로 석류꽃 핀다
아린 사랑 속으로 영글어

긴 시간 속을 맴돌다가
참아온 인고의 세월

꽃으로
안개 짙은 밤
나들이 온 봄여인

옥잠화 · 1

서풍 잦은 나의 뜨락
여름 한가운데 찾아온 손님

하얀 입술에 머금은 미소
어쩔 줄 몰라 파르르 떨고 있는

시집온
생머리 신부
하얀 옥비녀 나의 며느리

봉숭아물

손녀딸 보조개 같은
선명한 봉숭아물을 들인다

선홍색 꽃물이 물든 깊이만큼
7월의 마지막 밤은 깊어가고

드디어
손녀딸과 나
변함없는 동지가 된다

찔레 순

막무가내 솟아나는
봄날의 찔레 순은

그녀의 사랑처럼
격정의 몸짓 되어

마음에
밝혀오는 혼불
기쁨의 봄비였네

옥잠화 · 2

청초한 꽃, 옥잠화
누이의 고운 모습

수줍은 표정 위에
햇살이 내리면

새하연
볼우물에 고인
미소 같은 그리움

제3부 초록집

섬 목련木蓮

지난밤 그 섬은
해무에 싸여 있었고

뱃길을 알리는
기적이 풀어버린

옷고름
나풀거리며
파도를 끌어안는다

선창가에서

내항까지 밀려든
파도가 숨을 고를 때

어부의 덜 삭인 아픔이
해변의 가로등으로 켜지고

안개는
가슴속까지 내려와
해조음처럼 묻힌다

가난한 어부

바닷새 버리고 간
텅텅 빈 저녁 바다

조용히 밤이 내리고
가난한 어부의 넋두리

내일은 어느 바다에서
그물을 내려 볼까

인적 없는 간이매점
낡아버린 의자에 앉아

가난의 울화통 삭이지만
한숨은 깊어만 가고

주모의 육자배기 소리
저녁놀에 젖는다

적조赤潮

붉게 물든 바닷빛에
속이 터진 만두 같은

낭패한 살기 도는 눈빛과
무엇을 잃어버린 실망의 허탈로

살기를
포기시킨 적조,
가두리에 죽은 물고기들

삶을 표류해야 하는 어부
내일의 희망이 싫다

무기력한 자연에의 도전에
어쩔 수 없는 순응의 길

인간은
자연의 베풂에
작게만 살아가라고

비 내리는 바닷가

비 내리는 바닷가는
숨겨 둔 그리움이 있다

솔바람 하늘가에
뜨거웠던 사랑 노래

둘이서
고이 묻어 둔
타임캡슐 입맞춤

육자배기

육자배기 하소연
여인의 한恨 맺힘이여

난봉기 남편 생활
애타는 가슴 달래다

잡을 길
없어 토하는
울 엄마 애환의 육자배기

일상日常

비취색 바닷속에
가라앉은 고향을 본다

가두리에 둘러싸여
맴돌기만 하는 고향

성년의
내 꿈과 같이
먹이에 길들어 있다

비 오는 선창가
여객선은 밀려오고

자맥질하던 꿈들
가쁜 호흡 뿜어내며

토해 낸
세월의 시간
다독이는 냉가슴

초록집

산죽이 들어선 모롱이 돌아가면
비탈진 그곳에
초록색 집 하나

산노루
목이 터지게
울어 젖힌 까닭을 안다

물길 따라 찾아온 반가운 계절이
멈춰 선 길목에
시간을 맞추고

오늘도
말이 없었네
길고 긴 그림자

가난과 별

목메인 간절함에
토하지 못한 체증들

애틋한 정이 뭐길래
가난은 체취가 되고

오늘도
가슴 조이며
별이 되어 남는다

귀歸어촌

막 썰어 놓은 푸른빛 생선회처럼
귀농의 생활이 젖어드는 시간에
말없이
풍경이 되는
삶의 멋도 자리한다

인생은 낚시질, 새로운 미끼를 끼우고
대어를 기대하는 꿈을 키우고 있다
가쁜 숨
몰아쉬고는
아침놀 피는 시간에

계절풍

가을과 겨울 사이
매서운 바람이 분다

가슴속 깊이 저며드는
애잔한 슬픔 같은

나그네
닫아 둔 마음
흔들고 있는 바람

미 련

해변에 찍힌 발자국에
찾아온 어둠이 고이면

별들이 내려와서
물결 속에 찰랑일 때

훔쳐 간
물새의 흔적
감추지 못한 미련들

푸 념

당신의 텅 빈방에
홀로 울던 소슬바람

꿈으로 내려앉아
풀어내는 애달픔에

사내가
흥얼거리는
"비 내리는 영동교"

마음의 짐

바보처럼 울고 싶다
속살이 다 보이도록

홀가분히 마음의 짐
내려놓듯이, 그렇게

선명히
털어내지 못한
감춰 온 지난 일들

세 월

나이를 먹는다는 것
무력하게 추락하는

자신의 미로 속에
헤매다 지쳐 버린

어쩔 수
없는 과정인가
오늘도 먼 산을 바라본다

소묘 · 1

골똘히 앉은 창가에서
흩뿌리는 천만 생각

귀뚜린 찾아와서
곡조 높게 울어대고

마음은
조각, 조각으로
옛 시절로 살아난다

걱 정

세상은 미로 속에 까맣게 묻혀가고
찾지 못한 길, 힘겨운 시행착오

밤 시간
별빛은 내리는데
쌓여가는 한숨들

어부의 꿈

새벽녘 안개는 어부의 눈을 감금한다
손쓸 수 없는 자연의 어둠 속으로

풍화된
어부의 꿈도
어둠 속에 잠긴다

어느 수평선에서 고장난 발동기
어부의 조각난 꿈들로 가득하고

갈매기
울음에 묻힌
녹슬은 닻을 내린다

덕명 해변

무거운 발걸음
향한 곳은 어딜까

백악기 공룡들
무엇을 속삭였을까

비 내린
그 바닷가에
발자국만 새겨 놓고서

청산도

청산려수 슬로길
느림과 여유로움으로

푸르른 바다 위에
조용히 머문 섬

하늘도
아득한 그곳
애달픈 서편제 곡조여

제4부 기별

그리움

숨 멎을 듯 그리울 때
팔색조 되어 울고 싶다

소나무 가지나
대나무 숲에서도

마음길
열어 놓은 채
소리 내어 울고 싶다

댓잎의 바람 소리
산짐승의 울음으로

산 너머 메아리
숲속에 스며 오는 날

깊숙이
가슴 저미는
그리움을 전하고 싶다

어머니 떠나시던 날

소풍 전날 설레임도
내색 없이 눈감고는

찔레꽃 피고 지던
산길을 따라서만

흰 상여
실려 말없이
낮달 따라 가신다

아픔의 바다

섬은 찢겨진 피부가 따가워
고통의 밤을 울어 새지만

상처 난 마음은 파랗게 질리고
거친 물결은 고된 참음의 시험들

목이 쉰
엄마의 마음
지쳐서 쓰러진다

자맥질하는 잠수부의 숨결
휘파람으로 숨가쁨 뿜어내고

아직도 돌아오지 않는
기다림의 얼굴은 남았는데

벙어리
냉가슴 타고
파르라한 아픔의 파도뿐

가슴꽃

가슴에도 꽃이 핀다는 걸
알아내는 세월을 채우고

노령은
가슴 저리는
아름다운 인생길

목소리의 표정

목소리에도 알 수 있는
표정이 묻혀 있나 보다

마음의 균형이 잡힌
온유한 사랑이 스며나는

눈 감고
목소리로 느끼는
못 잊을 많은 표정

기별奇別

사랑이 죄이던가
가슴에 묻은 그대

오매불망 조여드는
봄볕 같은 기별奇別 없어

창가에
쏟아져 오는
애가 타는 창대비

욕지도에서

셀 수 없는 그리움이
차곡차곡 쌓였다가

흩날리는 재(灰)처럼
방파제에 내려서

등댓불
비춰지는 밤
그림자가 되어 있다

가을 여행

서풍이 불어오는 길목은
간이역 풍경이다

깊어가는 저녁 시간
적막이 쌓이는

이곳에
놓쳐 버린 사랑
기대감만 남는다

만날 것만 같았던 공연한 설레임은
막연한 행복의 풍경이 되어지고

여행의
길섶에 남는
추억의 이야기들

묻어둔 지난 일

삭이며 삭이면서
묻어둔 지난 일들

귀 닫고 눈감아도
세상은 정말 알 수 없고

밤새워
목이 쉰 울음
뻐꾸기도 피를 토한다

감출 수 없는 기쁨

— 외손자 출생

마음으로 고이 안고픈
기쁨이 생겼다

어쩌면 간절히
너무도 간절하게

소망한
외손자 출생
하늘 향해 손 모은다

그냥 있기만 해도
끝없는 위안이다

단 하루도 게으름 없이
걸어갈 길 앞에

닫아 둔
가슴을 열며
찾아오는 그 기쁨

저려오는 그리움

— 외손녀

유치원 다녀왔어요
할아버지 뭐하셔요

무슨 책 읽으셨어요
보고 싶어 죽겠어요

핸드폰
떨림의 소리
저려오는 그리움

하늘의 인연으로
맺어진 두 가정의 끈

청정의 바닷길로
철새가 도래하듯

그렇게
찾아든 기쁨
다 퍼 줘도 샘솟는 기쁨

여름밤

별들이 쏟아지는
여름밤의 설레임

꿈꾸던 사랑의 가슴이
오늘은 어디에 있는가

이 한밤
뻐꾹새 울어
빈 가슴이 아프다

어머니

돌아서
오는 길에
산새가 울고 울었다

산모퉁이 돌아서 간 어머니 장의 행렬

목젖이
부어 터져도
마르지 않는 눈물 자욱

기다림

돌아앉은 산모퉁이
바람만 스치운다

오늘은 찾아오려나
소식 없는 설레임

떠나간
그 자리마다
박꽃이 점을 찍는다

입추立秋

가슴에 묻어 둔 소중한 약속이다
가을이 오면 다시 만나자던
기다린
시간을 찾아
마음은 예인曳引되어 끌려간다

가을은 오는 것일까
가을은 가고 있는 것일까
온종일
서성이다가
서풍만 품에 안긴다

살아 있다는 것

하늘이 시샘하는
사랑을 하고 싶었다

수목원 숲길에서
나누었던 입맞춤

치솟는
물줄기 되어
분수로 오르고 있다

시리고 저린 날들은
굴레처럼 벗어 버리고

열광하는 불꽃같은
꽃이 되고 휘파람 되어

후두둑
장맛비 맞아
온몸을 감도는 사랑

어떤 풍경

혼자서 보낸 세월
감당 못할 외로운 산촌

배고픈 비둘기
내려앉은 앞마당에

농부는
온종일 앉아
콩알만을 세고 있다

공항에서

손 놓은 손녀딸
가던 길 돌아서서

돌아난 설레임으로
어찌할 바 모르고

수련꽃
눈망울 같은
이슬이 맺혀 흐른다

향 불

오래 비워 둔 가슴속에
당신의 향불을 피웁니다

빈방 가득히 내려앉은
외로움과 고독 쓸어내리고

이제사
자유로운 밤
당신은 내게로 왔습니다

초당草堂

장맛비 그친 초당을
뙤약볕이 끌어안는다

졸고 섰는 미루나무
매미 소리에 정신 잃어

지난밤
찾아온 아낙
누구인지 아물거린다

■ 해설

꺼지지 않는 불꽃의 연가

이우걸

한국시조시인협회 이사장

■ 해설

꺼지지 않는 불꽃의 연가

이우걸 한국시조시인협회 이사장

1.

우즈베키스탄에 가면 '꺼지지 않는 불꽃'이란 명소가 있다. 이차대전 때 조국을 위해 싸우다 목숨을 바친 전사자의 이름이 금속으로 만들어진 책에 새겨져 있고 그 앞에 일년 열두 달 꺼지지 않게 불꽃을 만들어 피워 놓았고 그 불꽃 앞에 어머니상이 조각되어 있다. 이 나라 처녀, 총각들은 결혼식을 한 후 제일 먼저 이곳을 찾아 그들의 숭고한 사랑과 충성심을 다짐하는 절을 올린다. 아름다운 풍습이다.

우즈베크어로 아직 언어통일마저 되지 않은 신생국이지만 조국을 위한 충성의 마음은 마치 꺼지지 않는 그 불꽃처럼 일고 있다. 정영도 시인의 시편들을 읽으면서 자꾸 이 '꺼지지 않는 불꽃'이란 명소가 떠오른다. 왜 그럴까?

물론 낭만적인 그의 인생관이나 넘어지면 또 일어서는 생애의 스토리 때문이기도 하지만 가장 큰 원인은 시편 전부가 사랑의 불꽃으로 타오르고 있기 때문이다. 상업적으로 독자의 사랑을 받고자 출간되는 시집이야 흔하게 볼 수 있지만 그렇지 않은 경우 시집 전체가 사랑시인 경우는 드물다. 더구나 이제 펼치기보다는 거두기에 바쁜 황혼기에 들어선 시인의 식을 줄 모르는 사랑시를 읽으면서 읽는 재미도 재미려니와 생을 경영하는 그만이 지닌 줄기찬 에너지에 고개가 숙여진다.

2.

자화상처럼 자신을 잘 그려놓은 비교적 객관적 시선의 작품으로 다음과 같은 시조가 있다.

낡은 뒤축으로 지탱해 온 나날들
그 쉼을 위해 오늘은 산으로 가고
눈 속에
노쇠한 육신
낯 뜨거움 묻고 있다

다 털어 내고 야위어 진 가슴에
차고 넘치는 열정은 끓어올라
겨울 산

밤잠을 설쳐
눈가에 안개 젖는다

—〈겨울 산〉 전문

작가 자신이 잘 투영되어 있는 작품이다. 이 작품에서 말하고 있듯 "노쇠한 육신"의 오늘이지만 그의 "차고 넘치는 열정은 끓어" 오르고 있다. 다른 작품에 비해 차분한 어조로 "겨울 산"을 그리고 있는데도 "끓어" 오르는 "열정"을 고백하고 만다. 앞서 말한 낙천적인 인생관이나 건강이나 매사에 원만한 처세로 삶에 대한 넘치는 애착 그리고 주위를 포용하는 그의 능력 때문인지 모른다. 아무튼 그는 끓는 활화산이다.

처마 끝 풍경을 울리는 바람
너는 나에게로 나는 너에게로

—〈필연〉 부분

가 버리면 다시 못 올
말문 닫은 심정으로

—〈들판길〉 부분

뚜렷한
떠나간 사람
아픈 상처로 가슴 저린다

—〈혼자 남은 시간〉 부분

그의 사랑시는 이렇게 변하고 있다. 두근거리고 그리워하는 단계에서 헤어질까 가슴 조이는 단계로 그러다 가슴 아픈 상처를 남기고 이별하는 단계까지 자상하고 목메이게 노래한다. 그의 사랑시들을 거듭 읽어보면 대체로 다음과 같은 특징을 보이고 있다. 그 첫 번째가 순정한 시라는 점이다.

말하지 않아도 좋을
내 분량의 생명 품고

힘겹게 들어도 보고
가볍게 놓아도 보고

서럽게
흐느껴 우는
시간이 있었다

인생은 그런 것이라고
말하지 않아도 좋을

지나온 시간의 후회를
뒤척이던 아린 밤은

목숨도
날갯짓하는

철새 같은 귀천일까

—〈말하지 않아도 좋을〉 전문

이 시조집의 표제시다. 읽으면 읽을수록 조심스럽게 사랑을 하고 있다는 느낌이 든다. 이 시조의 서정적 자아는 사랑을 통해 후회하고 반성하고 다시 인생의 의미를 생각한다. 사랑은 그런 것이다. 그래서 더욱 마력적이다. 〈겨울 산〉이 되어서도 "밤잠을 설쳐/ 눈가에 안개 젖는" 사랑을 한다. 참으로 순진무구한 사랑이 아닌가.

비어 있는 조그만
그릇이고 싶었다

감춰둔 가을 하늘
영원한 그리움 같은

가만히
하늘을 품는
그릇이고 싶었다

—〈그릇〉 전문

그의 순정하디 순정한 사랑은 다른 면에서 바라보면 무욕의 경지이기도 하다. 작품 〈그릇〉은 그의 무욕이 어떤 것인가를 잘 보여주고 있다. 사랑이 사랑 아닌 다른 것을 얻기 위한 도구였다면 누구도 그런 사랑을 아름답다고 생각하지 않을 것이다. 그에게 사랑은 오로지 사랑일 뿐 어떤 다른 목적이나 방법을 위한 것이 아닌 것이다. 그의 시조는 또한 꾸밈이 없는 솔직한 시인 동시에 끊임없이 자신을 성찰하는 시다.

길가의 빨간 우체통
잊혀지는 향기이다

오늘은 그 사람에게
보고 싶다고 말하자

체온이
묻어나는 글
그리움의 편지를 보낸다

—〈잊혀지는 향기〉 전문

그가 편지를 쓰지는 못했을 것이다. 아마 썼더라도 부치지는 못했을 것이다. 초등학생 일기 같은 이 꾸밈없는 시조를 읽으면서 그의 시조의 격을 생각한다.

수없는 불면의 밤과 바꾼 이 한 편의 사랑시를 어떻게 가볍다고 할 수 있겠는가. 또 하나 그의 시조의 특징은 친자연적이고 전원적인 시라는 점이다.

전원적 사랑시라는 말이 가장 잘 어울릴 것 같은 시조를 쓰고 있다. 꽃을 제목으로 쓴 시조만 열거해도 8편이나 있다. 인용된

꽃은 원추리꽃, 석류꽃, 백일홍, 박꽃, 옥잠화, 봉숭아 등이 있고 그 외에 전원적 풍경과 관련된 작품은 거의 대부분에 해당된다.

햇살이 고즈넉이
내려앉은 언덕 위에

밭 한 평, 곡식 한 알
알 수 없는 살림살이

어느 날
어느 골 하나
묻어둔 정 있구나

목젖 부은 석류꽃
숨겨 논 사연같이

바람길 따라서
밤새껏 지킨 자리

초겨울
길가에 서서
몸을 부스스 추스르고 있다

—〈오두막집〉 전문

별다른 꾸밈없이 외롭고 한적한 무슨 사연이 있을 듯도 한 '오두막집'을 그려놓았다. 〈절집〉은 전원풍경의 한 정점을 보일 만큼 섬세하고 한유하고 아름다운 작품이다.

마지막으로 그의 시조를 읽으면서 느낄 수 있는 것은 혈연에 관한 정을 지극히 소중하게 가꾸고 있다는 점이다. 그의 시조집엔 어머니, 아내, 며느리, 손자, 손녀에 대한 작품이 있다. 이렇게 다양한 사람들과 자연을 대상으로 한 사랑시집을 읽는 즐거움을 이 시조집은 제공하고 있다.

3.

정영도 시조시인은 공무원, 정치인, 사업가, 예술행정가, 시인…… 이렇게 많은 분야에서 활동해왔다. 그러나 이번 시조집을 읽으면서 느끼게 된 것은 정에 특히 약한 로맨티스트라는 사실이다. 그래서 천상 시인일 수밖에 없다는 확신이 들었다. 뛰어난 용모와 부드럽고 설득력 있는 구변, 깨끗한 매너 등으로 보면 그가 많은 사랑을 하고 또 많은 사랑을 받았으리라는 점 어렵지 않게 발견할 수 있다.

그렇다고 해도 이처럼 사랑 때문에 울고 고민하고 그런 과정을 통해 인생의 의미를 체득하는 시인일 줄은 몰랐다. 앞서 말한 바와 같이 순정한 시조, 솔직하고 꾸밈없는 시조, 무욕無慾의 시조 그리고 전원적인(친자연적인) 시조의 경지를 당당히 열어가는 시인이 정영도다. 그에게는 지금도 기별을 기다리는 그리운

이가 있다.

사랑이 죄이던가
가슴에 묻은 그대

오매불망 조여드는
봄볕 같은 기별奇別 없어

창가에
쏟아져 오는
애가 타는 창대비

—〈기별〉 전문

현실이건 과거의 상상이건 작품 속의 인물이건 우리는 알 길이 없다. 그러나 그가 늘 사랑하는 눈, 사랑하는 귀, 뜨거운 가슴으로 매일 매일 살아가리라는 사실은 확신할 수 있다. 예술을 예술로만 가두어두지 않고 생활의 윤활유로 활용하고 누리는 것 같다. 그런 그의 모습도 로맨티스트적 기질을 가진 그를 더 멋지게 한다. 부디 건강하고 또 꺼지지 않는 불꽃으로 세상과 더불어 행복한 나날 보내고 시심 깊어지길 빈다.

말하지 않아도 좋을

정영도 시조집

펴낸날 | 2014년 10월 23일

지은이 | 정 영 도
펴낸이 | 오 하 룡
펴낸곳 | 도서출판 경남

주 소 | 창원시 마산합포구 몽고정길 2-1
연락처 | (055)245-8818~8819
홈페이지 | www.gnbook.com
블로그 | gnbook.tistory.com
이메일 | gnbook@empas.com
등 록 | 제567-1호(1985. 5. 6.)
편집팀 | 오태민 | 심경애 | 구도희

ISBN 978-89-7675-928-3-03810

*이 책은 한국문화예술위원회 경상남도
경남문화예술진흥원 으로부터 제작비를 지원받았습니다.

〔값 10,000원〕